AF337735

DISCOURS

PRONONCÉ

A LA FÊTE

DE

LA RECONNOISSANCE.

DISCOURS

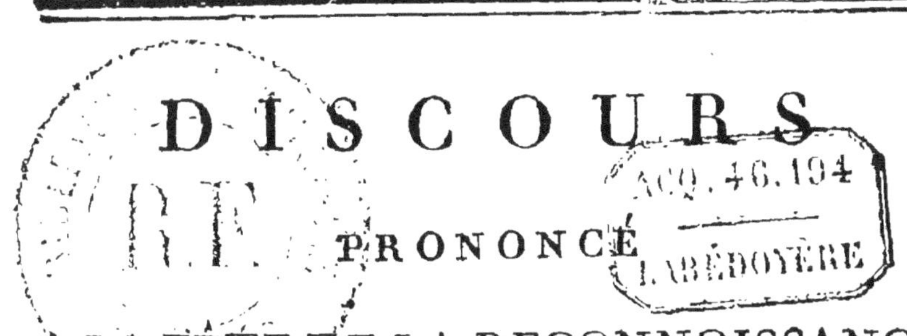

PRONONCÉ

A LA FÊTE DE LA RECONNOISSANCE

PAR LE CITOYEN DROZ,

A Besançon, le dix prairial, an 6e de la République française.

IMPRIMÉ PAR ORDRE DE L'ADMINISTRATION CENTRALE DU DÉPARTEMENT DU DOUBS.

CITOYENS,

APRÈS neuf ans de périls et de gloire, après tant de prodiges dont l'univers s'étonne et qui seront l'entretien des siècles les plus reculés, comment ne pas éprouver le besoin d'exprimer aux principaux auteurs de nos triomphes la reconnoissance qu'ils inspirent? Heureux l'état où les solemnités retracent ainsi de grandes actions, des actes de dévouement à la patrie; le Peuple y prend une haute idée de lui-même, il se nourrit d'enthousiasme et de vertus, il se rend chaque jour plus digne de la liberté!

Accourez, citoyens, à la Fête de la reconnoissance, chacun de vous participe à la gloire de la patrie ; vieillards, venez jouir des triomphes de vos enfans ; et vous sur-tout, jeunes citoyens, vous êtes dans l'âge où les passions se développent et se dirigent vers un but utile ou dangereux, venez, l'enthousiasme qui s'enflamme au récit des grandes choses, est voisin de l'enthousiasme qui les produit.

Dans les fastes de la liberté française les premiers noms inscrits sont ceux de ces philosophes républicains sous les rois, qui, tandis que les peuples étoient courbés sous la verge de quelques despotes, parlèrent de liberté au milieu des oppresseurs et des esclaves. Sans autre mission que celle qu'ils avoient reçue de leur amour pour l'humanité, sans autres forces que celles que leur donnoient la vérité, le génie et le dévouement, ils attaquèrent des préjugés et des priviléges puissans de quatorze siècles d'usurpations. Leur mâle éloquence rappela des vérités qui sembloient oubliées ; alors des noms sacrés cessèrent de paroître vuides de sens, celui de patrie fit naître comme autrefois de douces émotions, et l'on se demanda pourquoi on n'en n'avoit pas une ; des ames long-temps engourdies se réveillèrent au nom de liberté, ces grands hommes traçoient les prodiges qu'elle avoit enfantés jadis, et l'on sentit que pour en opérer de semblables il ne manquoit que la cause qui les avoit produits ; l'égalité ne parut plus une chimère, on s'étonna d'avoir si long-temps oublié la vertu, les talens utiles, pour porter la considération sur des titres insignifians et sur des priviléges odieux. Ainsi ces écrivains illustres ont préparé notre révolution, et du fond de leur cabinet ont ébranlé les trônes ; et quels sentimens profonds de reconnoissance doivent pénétrer nos ames alors que nous pensons que tous ont été persécutés sur la terre qu'ils honoroient, que la plupart ont été contraints de la fuir, tandis que d'imbécilles despotes faisoient brûler leurs écrits immortels par la même main qui frappe les coupables.

Montesquieu apprit aux Français à s'occuper de questions politiques ; ce fut en vain que quelquefois il déguisa les vérités qu'il avoit recueillies, il fut persécuté par les nobles et par les prêtres. Fénélon publia le Télémaque à la cour de Louis XIV, et bientôt ce sage accepta l'exil comme une douce retraite. La Sorbonne contraignit Buffon à rétracter des vérités physiques qu'il avoit découvertes, et renouvela ainsi dans le 18e siècle le jugement atroce de l'inquisition contre Galilée. Helvétius alla chercher en Angleterre, en Prusse, la tranquillité que lui refusoit sa patrie. Deux fois Diderot fut jeté dans les bastilles ; Raynal fut banni ; Mably ne put échapper aux tyrans qu'en leur cachant une partie de sa gloire, son plus énergique ouvrage n'a paru qu'après sa mort. Et toi l'ami des hommes qui t'ont si cruellement traité, apôtre et martyr de la vérité, Jean-Jacques ! toi que je nommerois infortuné si l'homme vertueux pouvoit l'être, de combien de maux ils ont chargé ta tête ! Forcé de fuir la France, qui devoit s'enorgueillir de ta présence, ta propre patrie te refuse un asile ; tu crois en trouver un dans une île solitaire où tu espères oublier les hommes ; mais tu ne peux l'être de tes persécuteurs, ils t'en chassent, tu fuis en Angleterre, de nouveaux malheurs t'y poursuivent, et tu n'obtiens qu'avec peine de rendre le dernier soupir dans la retraite que t'a choisie l'amitié !

Grands hommes ! vos persécutions et vos malheurs étoient l'image de ceux que le Peuple devoit éprouver lorsqu'il voudroit conquérir sa liberté ; mais il ne fut pas au pouvoir des tyrans d'arrêter vos succès ni de ternir votre gloire, et comme vous aussi le Peuple a triomphé, Oh ! de combien d'événemens nous avons été té- moins dont un seul eût récompensé leurs travaux ! Mais il existe une seconde vie ; mais dans les lieux d'une éternelle félicité le citoyen s'intéresse encore à sa patrie, et je me plais à penser que tandis que nous les honorons ils contemplent leur ouvrage.

Un jour les statues de ces grands hommes s'élèveront dans nos temples, sur nos places publiques; le Peuple dans ses fêtes les couronnera de fleurs, il invoquera leurs manes, et sa reconnoissance envers eux développera dans son sein les vertus qui les animèrent. On peut, jusqu'à certain point, juger le caractère d'une nation sur les hommes dont elle révère la mémoire; s'ils furent de vils cénobites, des êtres inutiles ou à charge à leurs semblables; s'ils furent brigands dans la société, pieux près des autels, quelles vertus inspireront-ils à leurs adorateurs? Mais s'ils ont consacré leur vie au bonheur des hommes, s'ils ont chéri leur patrie, s'ils l'ont éclairée et se sont dévoués pour elle, le citoyen sent en les honorant le prix des vertus réelles, il cultive celles qui rendent l'homme heureux et libre.

Grâce aux lumières répandues par la philosophie les jours de la liberté s'approchoient. Quand une révolution est faite dans les esprits, elle est bien près d'être achevée; l'édifice des préjugés et des priviléges étoit miné dans ses fondemens, le Peuple y porta une main hardie, et l'édifice s'écroula. Le coup en retentit dans l'univers ; les rois, toujours ligués pour le malheur de l'humanité, les rois, toujours d'accord quand il faut opprimer, s'unirent pour recharger de fers le Peuple qui proclamoit les droits de tous les autres. Le serment d'anéantir la liberté naissante fut prononcé dans toutes les langues de l'Europe, mais Hercule au berceau étouffoit des serpens ; pour défendre l'ouvrage commencé il falloit des armées, la liberté les appela, et les armées françaises existèrent.

A ce nom quels glorieux souvenirs se réveillent !... et si vous voulez les rendre plus enivrans encore, reportez-vous au temps où la guerre fut déclarée. Vous les voyez encore ces temps où presque tous les chefs des corps avoient déserté la patrie, des soldats égarés les avoient suivis, ce qui restoit de troupes aguerries étoit trop peu nombreux pour résister aux armées réunies contre nous. Les citoyens s'enrôloient en foule ; mais la plupart manioient des armes pour la première fois, dans leurs rangs on voyoit des enfans, des vieillards plus foibles encore ; et quels généraux devoient guider ces armées nouvelles ? Presque tous amis des despotes que nous allions combattre eussent mieux servi nos soldats en les abandonnant. La puissance exécutrice étoit entre les mains d'un roi ; pour servir ses desseins nos places étoient laissées sans réparations, les approvisionnemens manquoient, les armes même étoient refusées aux soldats. Les rois coalisés, fiers de leurs armées aguerries, instruites, disciplinées par une longue habitude, comptant sur leurs intelligences dans l'intérieur, comparoient avec orgueil leurs forces aux nôtres, et dévastoient en idée nos campagnes. La liberté centuple donc les forces humaines ! lesobstacles ne sont donc pour elle que des moyens de marquer sa puissance ! Six années se sont écoulées, et ces rois voient des Républiques s'élever là où ils tramèrent contre la nôtre ; leurs états échappent à leur joug, ou s'estiment heureux de recevoir la paix de ceux qu'ils vouloient asservir.

N'attendez pas que je vous retrace avec quelques détails les prodiges de nos guerriers, l'histoire pourra-t-elle y suffire ?... Transportez-vous au Nord ; vous les voyez affranchir la Belgique, triompher à Jemmape, sauver Lille, foudroyer les Anglais sous les remparts de Dunkerque. Les Bataves s'indignent de porter les fers d'un Stathoudher, eux fils des alliés de Rome et des vainqueurs de Philippe ; nul obstacle ne peut arrêter notre armée, ni les forces ennemies, ni l'âpreté du froid, ni les frimats dont la terre est couverte ; l'artillerie passe sur les fleuves glacés, toutes les places capitulent ou sont emportées de vive force, le drapeau tricolor flotte dans Amsterdam. A la vue du signe libérateur le cri d'affranchissement retentit dans la Hollande ; de Wit et Barnewelt se soulèvent au fond de leurs tombeaux, et les Bataves reprennent avec leur liberté les vertus de leurs ancêtres.

Portez vos regards à l'autre extrémité de la France, nos guerriers franchissent les pyrénées. Vainement l'Espagne réunit ses forces, tandis que les nôtres couvrent d'immenses frontières, bientôt elle est forcée de suivre l'exemple donné par la Toscane et la Prusse ; Madrid demande et reçoit la paix, quand toutes les places fortes qui pouvoient la défendre sont au pouvoir des Français.

Si nous suivons le cours de ce fleuve illustré par les prodiges dont il fut témoin.... quelle moisson de gloire ! Guerriers, il n'est pas un seul point sur les rives du Rhin où l'on ne puisse élever un trophée pour consacrer le souvenir d'une de vos victoires. Quels triomphes rappellent les noms de Mayence, de Landau, de Fleurus, de Luxembourg ! Naguère encore deux armées formidables ont porté la terreur au cœur de l'Allemagne, elles terminèrent cette fameuse campagne par la défense du fort d'Huningue et de Kell ; Kell qui, défendu par des Français, consuma durant quarante jours les forces de l'Autriche, et qui depuis attaqué par des Français fut repris en quatre heures.

'Transportons-nous dans cette partie du Midi où nos guerriers ont couronné leurs exploits. La Savoie et Nice vengés de leur tyran, Toulon livré par la trahison aux Anglais, repris sur eux par le courage, n'étoient pour nos défenseurs que le prélude de leurs triomphes. Quelle voix racontera jamais dignement les prodiges par lesquels ils ont immortalisé les noms de Montélésimo, de Lodi, d'Arcole, de Rivoli, de Mantoue et tant d'autres; détruit cinq armées de l'Empire; forcé les rois de Sardaigne et de Naples à la paix? Quel moment que celui où les républicains ayant pénétré à Milan, et tandis qu'à leur voix des Peuples reprennent leur liberté, Rome et Vienne tremblent, incertaines de quel côté les vainqueurs tourneront leurs pas! La marche triomphale est dirigée vers l'antique capitale du monde. Vaincu dès les premiers combats, son hypocrite souverain se hâte d'implorer la paix et la reçoit de la générosité française. Ce fut alors qu'on vit des soldats demander pour prix de leurs travaux les chefd'œuvres des arts, les monumens dont la présence illustroit l'Italie; et leur patrie recevant avec enthousiasme ces dépouilles immortelles, prouve qu'aucun genre de gloire ne lui sauroit être étranger. Poursuivant sa carrière, l'invincible armée va porter ses coups au cœur de l'Autriche ; chaque combat est une victoire. Tremble Vienne, il est arrivé le moment de courber ton front devant les envoyés du Peuple souverain, ou de recevoir la liberté dans tes murs.... Où sont-ils ces temps où Paris devoit être la proie des rois coalisés ? Dispersés par la foudre, le plus puissant d'entr'eux arrête l'armée française à vingt lieues de sa capitale, en se soumettant aux volontés de la grande nation.

Au milieu des cris de la victoire, le nom consolateur de paix se fait entendre, et la France y répond avec enthousiasme. La patrie voit avec ivresse approcher le moment où ses défenseurs rentreront dans son sein, où les rendant à leurs familles, elle partagera leur bonheur comme ils ont partagé ses dangers ; et cette paix qui va permettre aux premières autorités de porter tous leurs soins sur l'intérieur de la République, d'y ranimer les arts et sur-tout la morale publique, cette paix n'est point celle que des conspirateurs ont voulu nous donner, c'est celle des armées françaises ; glorieuse, immuable, elle fait rentrer la République dans les limites que lui assigna la nature, et rend encore de nouveaux Peuples à la liberté.

Mais tandis que la justice et la modération achèvent les traités, d'où partent ces nouveaux cris de victoire? Quel insensé a donc pu appeler les Français aux combats? quels événemens les forcent à vaincre encore? Des forfaits!..... Ils sont atroces, ce sont ceux d'un prêtre! Au milieu de la paix, dans une ville épargnée par nos armes, le représentant de la grande nation est méconnu, outragé. un français est assassiné! Brave Duphot, que tes manes s'appaisent, ton sang donne la liberté à Rome! Elle est accomplie la révolution réclamée depuis tant de siècles par l'humanité; il est brisé le joug que la superstition imposoit à l'imbécillité. Du haut du capitole antique les héros français ont salué les manes des héros romains, la patrie de Brutus renaît à la liberté, et Rome se compte avec orgueil au nombre des enfans de la grande République.

D'autres fers sont brisés....... La voix de Guillaume Tell s'est fait entendre dans les rochers de l'Helvétie; le Peuple généreux qu'il avoit jadis délivré a redemandé ses droits. Là le despotisme se multiplioit pour être plus oppressif, mille tyrans asservissoient le Peuple, et lâches voisins, amis infidèles, gouvernans hypocrites, ils essayèrent long-temps de cacher sous le voile de la modération leurs trames contre la France. Le jour de la justice est arrivé, l'airain qui venge les nations s'est fait entendre ; on ne demande point de quel côté s'est tournée la victoire, dès long-temps les Français ne connoissent plus de différence entre combattre et vaincre. Étonnantes armées ! vous triomphez en vous montrant ; vous avez surpassé tout ce que le patriotisme dans une sorte de délire osoit à peine imaginer ! Toutes les capitales des puissances armées contre nous vous ont vues dans leurs murs ou vous ont arrêtées à leurs portes en demandant la paix ; Amsterdam, Madrid, Turin, Milan, Vienne, Rome, Berne..... Londres, ton accès ne sera pas plus difficile à des français ! Voyez comme un autre présage de la délivrance du Peuple Anglais, qui si long-temps s'agita pour la liberté, sans jamais en embrasser que l'ombre, ces trois Peuples fameux déjà rendus à leur antique indépendance ; le Batave, le Suisse et le Romain unissant leurs voix pour célébrer votre courage et vos bienfaits. Voyez les satellites de ce gouvernement impur voguer vers le rivage d'Ostende, ils ont abordé, ils sont vaincus..... Ces voiles qui s'enflent sur la Méditerrannée, vers quels bords sont-elles dirigées ?....... Guerriers, par-tout vous rencontrerez la gloire, par-tout elle vous reconnoîtra pour les fils de la liberté !

Qu'un dernier triomphe vous donne le repos, vous ramène dans vos foyers, dans nos bras, pour y jouir de tout ce que la reconnoissance a de plus vif et de plus touchant ; que bientôt la chute du gouvernement anglais soit le signal de la paix de l'univers, et qu'enfin les Peuples, dirigés par les principes de la philantropie, ne disputent plus entr'eux que de vertus, de progrès et d'institutions bienfaisantes.

Si les vils partisans de la royauté, que la France a vu tant de fois s'agiter dans son sein, ont souvent été vaincus sur les frontières, l'Autrichien et l'Anglais éprouvèrent aussi des défaites dans l'intérieur. Je voudrois pouvoir offrir à votre reconnoissance les noms de tous les citoyens, des magistrats, des députés fidèles à la cause du Peuple, qui concoururent aux triomphes de la patrie. Quel français, que dis - je, dans l'univers quel ami de la liberté ne porte pas dans son cœur un sentiment profond de vénération pour les vainqueurs du 14 juillet, pour les héros du 10 août, pour les auteurs du 18 fructidor, que la postérité nommera les seconds fondateurs de la République ! Le temps ne me permet pas de retracer l'histoire entière de la révolution ; payons un tribut de reconnoissance à tous les Français, quelque poste qu'ils aient occupés, qui ne respirant

que pour la liberté, l'ont servie avec le désin-
téressement du courage ; qui, étrangers aux fac-
tions, les regards toujours fixés sur la République,
n'ont vu qu'elle, ont souffert de tous ses maux
et ne furent heureux que de son bonheur ; qui,
modestes dans les magistratures, en sortirent
riches de l'estime publique ; qui, citoyens fiers,
se sont enorgueillis de ce titre, ont ajouté à
son éclat en en remplissant tous les devoirs ;
enfin qui, dans les jours d'orage, ne balancèrent
jamais à se jeter au devant des coups que l'on
portoit à la liberté, et succombèrent glorieuse-
ment pour elle, ou jouissent du bonheur ines-
timable d'avoir concouru à ses triomphes.

Les vertus éclatantes ne sont pas les seules
nécessaires à la République ; ils la servent encore
ceux qui, dans le silence des foyers domestiques,
cultivent les vertus privées. Douces amitiés,
chastes amours, piété filiale, tendresse pater-
nelle, plaisir d'obliger ceux qui nous environnent,
affections consolantes données à l'homme pour
son bonheur, c'est sur-tout dans un état libre qu'on
doit goûter vos charmes, l'influence de l'égalité
vous donne une nouvelle activité. Les vertus
privées sont nécessaires au bonheur public.
C'est dans les ames dont elles conservent la
pureté que se développent les passions géné-
reuses qui font les grands citoyens ; ce sont les

hommes accoutumés à ne jamais résister aux charmes d'une bonne action qui se dévouent pour la patrie quand ses dangers l'exigent. Pénétrons-nous d'une vérité bien propre à élever nos ames; c'est qu'il n'est aucune vertu, quelqu'obscure qu'elle soit en apparence, aucune bonne action, quelque moyen que l'homme de bien emploie pour la cacher, qui ne soit utile à la République. Celui qui la commet en devient meilleur, il influe sur celui qu'il oblige, ils rentrent au sein de leurs familles meilleurs époux, meilleurs pères, elles reçoivent d'eux des leçons plus touchantes, et leurs familles influent à leur tour sur celles qui les environnent. C'est ainsi qu'il n'est point de vertu, quelqu'obscure qu'elle nous paroisse, qui n'étende au loin son utilité, et je vote un tribut de reconnoissance aux vertus ignorées.

De douces idées viennent de nous occuper; mais avant de quitter cette enceinte un devoir sacré nous reste à remplir; triste devoir, cher aux ames républicaines, nous devons l'acquitter dans les revers et dans la prospérité, son idée doit nous suivre dans nos plaisirs, dans nos jeux, dans nos fétes, il doit toutes les terminer. Ombres des guerriers morts pour la liberté, pardonnez si j'ai tardé si long-temps à vous exprimer la reconnoissance dont tous les cœurs sont pénétrés envers vous ! mais quel souvenir auroit intéressé après avoir donné des larmes au vôtre ! Qui de nous n'a pas un frère, un parent, un ami moissonné dans les champs de la gloire ? qui de nous dans les fêtes de la patrie n'éprouve pas le regret de n'avoir plus près de lui des citoyens qu'il a connus, qu'il aima, avec lesquels il voudroit partager encore les jouissances du patriotisme ? Ils ne sont plus ! la plupart étoient jeunes, la plupart avoient des talens, des connoissances, tous avoient le civisme qui les utilise..... Ils ont pris pour eux les travaux et les périls de la liberté ; ils nous en laissent les douceurs..... D'avance ils avoient sacrifié leurs jours au bonheur public ; à leur dernier moment ils léguèrent leurs familles à la République et leur exemple à leurs conci-toyens ; puis tournant leurs regards vers la patrie, la mort leur parut douce...... Et nous nous laisserions jamais ravir le dépôt sacré qu'ils ont remis entre nos mains ! et le roya-lisme profaneroit leurs tombeaux ! Quel français, quel homme ne sent pas bouillonner son sang dans ses veines à l'idée de laisser étouffer tant de germes de prospérité, anéantir tant de gloire ! Écoutez la voix de ces illustres vic-times de la tyrannie, dans le fond des tombeaux la cendre de ces généreux citoyens se ranime encore aux accens du patriotisme. Les larmes ne sont point un hommage digne de nous, disent-ils ; remplacez - nous près des familles que nous avons quittées pour voler au secours de la patrie ; honorez - nous dans les compagnons de nos travaux, et sur-tout marchez sur nos traces. Ce n'est pas avec des égoïstes, des dilapidateurs et de vils débauchés qu'on forme une République. Que tous les Français s'élèvent à la hauteur de leurs destinées, que tous brûlent d'enthousiasme pour la liberté, qu'ils s'enivrent de la gloire de leur patrie : c'est dans les ames élevées que se plaisent les vertus nécessaires aux états libres ; qu'enfin la morale publique consolide l'ouvrage des armées, affermisse la Constitution de l'an III. Les tyrans sont vaincus, les vices ne le sont pas ; qu'ils soient bannis du milieu d'entre vous ; que l'étranger, en mettant le pied sur le sol de la France, s'apperçoive aux mœurs de ses habitans, qu'il n'est plus dans une monarchie : c'est ainsi que vous réjouirez nos manes. Les larmes...... Laissez-les aux tyrans, nous leur avons légué de justes sujets d'en verser.

Ombres illustres ! nous serons dignes des destinées de la grande nation, nous aurons toujours pour la liberté cet enthousiasme qui fait germer et développe les vertus ; la morale publique, seul soutien durable des Républiques, rendra la nôtre inébranlable ; et si le royalisme essayoit encore de troubler la patrie, que le sang des guerriers morts pour la liberté ne retombe plus sur la tête des tyrans, mais sur ceux de nous qui seroient infidèles !

DE L'IMPRIMERIE DE BRIOT.

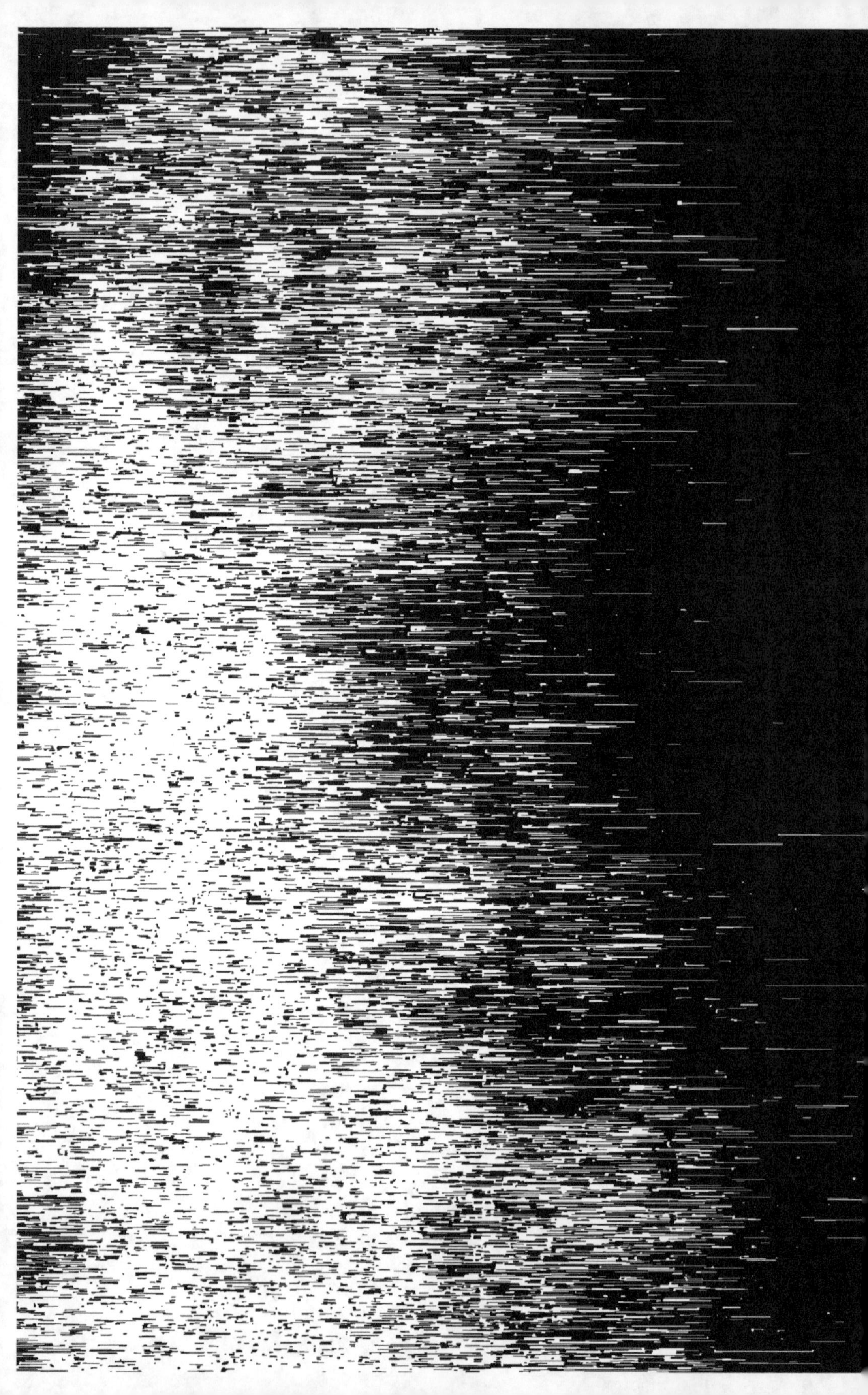